Für Pilotenkinder und alle ihre Freunde, ganz besonders aber für Luca, Nikolai und Nina

Impressum

Bibliografische Information der Deutschen Bibliothek:
Die Deutsche Bibliothek verzeichnet diese Publikation in der Deutschen Nationalbibliografie; detaillierte bibliografische Daten sind im Internet über http://dnb.ddb.de abrufbar.

Idee und Text: Gabriela Renggli
Illustrationen: Alexandra Steiner
Lektorat: Kurt Schwob, Solothurn
Gestaltung und Typographie: Petra Balmer, Bern

Druck: PROOST N.V., Belgien

ISBN 3-9522422-0-9

Text Gabriela Renggli
Illustrationen Alexandra Steiner

Das Hedu lernt fliegen

Eine Geschichte für Flugbegeisterte und Flugangst-Hasen

adlerfeder

Im Tal der Eisriesen

Ruhig zog der Adler weite Kreise über einem wunderschönen Bergtal. „Juuhuiii!", rief er stolz über sein riesiges Gebiet. Hier war er Fliegerkönig – immer dabei, den anderen Vögeln, die segelnd, flatternd, singend und zwitschernd im Tal zu Hause waren, gewaltig Eindruck zu machen. Zuerst schraubte er sich zu den mächtigen Schneebergen in die Höhe. Darauf gings in blitzschnellem Sturzflug tief hinunter. Dann ein Stopp – im letzten Moment, scheint's – und gleich schwang er sich wieder empor. Am liebsten hinauf zu den drei Felsriesen, die sich oberhalb der einen Talseite auftürmten. Ihre Wände hatten Gesichter aus Stein und Eis.

Hoch, bis unter die Nasen der Eisgesichter, ging sein Steigflug. Mit ihren faltigen Steingesichtern schauten die drei Eisriesen zu, wie der Adler ohne einen Flügelschlag seine Runden drehte. Eiger hieß der eigensinnige Berg ganz links. Schweigsam hockte in der Mitte der Mönch. Neben ihm lehnte sich die Jungfrau ein wenig zurück. Auf ihren kühlen Felszacken schimmerte der Schnee wunderbar weiß. Hier oben war das Adlerkönigreich am schönsten. Tief im Tal schlängelten sich Bächlein, die in blaugrüne Seen flossen.

„Der Gefahrenflieger!", tuschelten die Vögel, sobald der Adler zwischen den Schneebergen auftauchte. Wenn ein warmer Südwind den Wolken glühende Ränder zauberte und sie wie große Fische am Himmel schwimmen ließ, wurde der Fliegerkönig übermütig. Im wirbelnden Föhn führte er tollkühne Spiralenflüge vor. Pfeilschnell flog sein Schatten an den Bergwänden entlang. Das erschrockene „Aah!" seiner Zuschauer schien ihm Spaß zu machen.

Adler Kakadu

Wenn der Adler die mächtigen Flügel ausbreitete, blitzte zwischen den schwarzen Federn etwas Geheimnisvolles auf, etwas Farbiges, das man nicht so genau erkennen konnte. Das hatte es noch nie gegeben. Die anderen Vögel flüsterten miteinander. Ob die bunten Schnipsel zwischen den Adlerfedern ein Trick waren? Vielleicht sogar das Geheimnis seiner tollen Schwünge? Tine, die freche Elster mit der Stoppelfrisur, die immer alle Geschichten der Zugvögel weitererzählte, verpasste dem Adler einen Spitznamen: „Kakadu" nannte sie ihn, wie diese Vögel im Süden mit den leuchtend bunten Federn. Die anderen krähten: „Ja, ein Kakadu ist das!" Schnell machte der neue Name die Runde. Und wenn jemand über den Adler etwas erzählte, war nur noch vom „Kakadu" die Rede.

Der Kakadu machte gerne verrückte Sachen – weil er bewundert werden wollte, aber auch weil er fürs Leben gerne flog. Die Freude am Fliegen ging dann mit ihm durch. Einmal – im Föhnwind – schwang er sich besonders kühn in den Himmel. Er rauschte in zwei rasend schnellen Drehungen vorbei,

überschlug sich – dann machte es plötzlich am Himmel laut „plopp"! Die gefiederten Freunde hielten den Atem an: Hing der Kakadu an einem Rettungsschirm? Siri, die Bergdohle, hielt sich mit den Flügelfedern die Augen zu. Alle staunten, als der Kakadu blitzschnell zwischen den Zweigen eine bunte Stoffblase zusammenraffte. „Eeeh!", kreischte Tine, die einmal seine Freundin war, „er kann es nicht lassen, anzugeben!" Sofort rauschte der ganze Schwarm hinter dem Kakadu her, um sein Geheimnis zu lüften. Doch der Adler war schneller. Er verschwand, als hätten ihn die Wolken verschluckt.

Wie das Hedu zu seinem Namen kam

Als der Adler wieder einmal wie ein Pfeil zwischen den Wolken dahinschoss, erspähten seine scharfen Augen ein neues Nest. Der schön gearbeitete Horst saß auf einem alten Baum, ganz nah neben einer Felswand, tief unter den drei Eisriesen.

Daraus beobachteten ihn ein Paar große Kulleraugen. Ob diese Augen zu einem neuen Luftikus gehörten? Der Kakadu ließ sich in einem besonders steilen Sturzflug an dieser seltsamen Behausung vorbeifallen. Er drehte eine Spirale und schrie „Juuhuuuuiii!" Der rundliche hellbraune Vogel im Nest plumpste vor Schreck auf den Rücken. Schnell kehrte der Kakadu um und setzte sich stolz an den Nestrand. „He, du!"

Der flaumige Winzling mit den großen Augen, der ihn so anhimmelte, machte ihn ganz verlegen. „He du", krächzte der Adler, „was machst denn du hier, he?" Eigentlich gefiel ihm das kleine Vögelchen – auch weil es kein gefährlicher Konkurrent war. „Oh, ich schaue dir zu", erwiderte das überraschte Federbällchen. „Du kannst sooo schön fliegen."

In diesem Moment hüpften zwei Bergdohlen näher heran. „Na du Hedu", riefen sie, weil sie lustig fanden, was der Kakadu eben gekrächzt hatte. Es waren Siri und Max, die sich mit dem neuen Vögelchen schon angefreundet hatten.

Siri und Max hatten dem Gast ein wenig Kunstflug gezeigt, mit einer tollen Rückenrolle als Abschluss – eine Spezialität der Alpendohlen –, und dann hatten alle zusammen laut gelacht. Bisher konnte keiner von ihnen sagen, zu welcher Art Vögel der Neuling gehörte. Das braune Federding wusste es selbst nicht. Nachdem seine Eltern wie jedes Frühjahr aus dem Süden gekommen waren und hier einzogen, war es erst vor wenigen Wochen aus dem Ei geschlüpft. Gerade waren die Vogeleltern außer Haus.

Max und Siri übten die lustige Anrede für ihre neue Freundin. „He du, Hedu", wiederholten sie keck. „Das Hedu und der Kakadu", grinste Max zu Siri. Augenzwinkernd stürzten sie sich in die Luft, um die Nachricht von dem Neuankömmling übers ganze Tal zu verbreiten.

Ein Schissi...

Der Kakadu lud das neue Vögelchen zu einem Ausflug ein. Doch es wollte nicht. „Was heißt denn ‚es ist noch zu früh zum Fliegen'?", bohrte er. „Dann musst du eben üben – sonst wird gar nichts!"

Der kleine braune Vogel klappte beschämt die Augendeckel herunter und flüsterte: „Ja. Aber das Tal ist so tief und weit... Vor dem Loch da unten habe ich schrecklich Angst!" Dem Hedu steckte ein Kloß im Hals, denn das hatte es nie verraten wollen. Es schaute trotzig auf seine Füßchen und schwieg.

Der Kakadu hob die Flügel und plusterte seine Federn auf. Das machte ihn noch größer. „He, du", sagte er in die Stille und schaute von oben herab. „Hör mal, so wirst du niiieee fliegen! Dass man keine Angst hat, he du, das ist nämlich das Wichtigste. Damit fängt das Ganze überhaupt erst an. Du bist ja ein Schissi, Hedu." Das Hedu zuckte zusammen, als ob es einen Schlag bekommen hätte. Als sich der Adler kurz darauf davonschwang, liefen zwei Wuttränen über seine Wangenfedern.

Der Traum vom Fliegen

Doch das Hedu beruhigte sich bald wieder. Zwar konnte es noch nicht fliegen, aber es kraxelte unermüdlich auf seinem Nest herum, und manchmal auch hinüber auf ein Felsband dicht daneben. Es sammelte schön geformte trockene Blätter, die die Eltern mitgebracht hatten oder die der Wind vorbeiwirbelte. Daraus band es sich mit Gras ein winziges Buch. Es schrieb mit einem Stöckchen und Heidelbeertinte alles auf, was interessant war. Auf den Seiten der Eichen-, Buchen-, Ahorn- und Lindenblätter reihten sich bald in winziger Schrift kleine Geschichten aneinander. Sie zauberten eine Wunderwelt aus Bildern vor Augen. Beim Umblättern raschelte das Büchlein geheimnisvoll. „Unser Neunmalschlaues", sagten die Eltern, wenn sie von der Futtersuche heimkamen. Sie ließen sich die kleinen Geschichten immer als Erstes gern vorlesen. Die Eltern lachten, und das Hedu hatte Spaß daran, sie zum Lachen zu bringen.

Auch sich selbst las es sein Geschriebenes vor, wenn es allein war. Das Hedu holte sich damit ein kleines Kino in den Kopf, das ihm die Langeweile vertrieb. Manche Einträge waren kurz, andere länger. Auf einer umgeknickten Ecke stand seit gestern: ***Der Kakadu ist blöd, und ich kann nicht fliegen, weil ich ein Schissi bin. Ich will kein Schissi mehr sein!***

Doch die schönste Geschichte im Blätterbuch handelte vom freien Fliegen in der dünnen Luft.

Das Hedu wurde nie müde, sie zu wiederholen. Als es wieder einmal auf diese Weise Selbstgespräche führte, wisperte eine Stimme in der Nähe: „Lies das bitte noch mal!" Es war Tine – das Hedu hatte gar nicht gemerkt, woher die Elster kam und wie lange sie schon auf dem Fels vor dem Nest saß. Erfreut über die Zuhörerin begann das Hedu von vorn. Es las über die Schönheit des Fliegens, die Freiheit der Lüfte, das endlose Gleiten am blauen Himmel und über die Weite der Felder. Es beschrieb die sanft geschwungenen Hügel und die wilden Zacken der Berggrate.

Es legte seine ganze Sehnsucht in seine Stimme, die Sehnsucht nach etwas, das es noch nicht kannte. „Wie findest du es?“, fragte es vorsichtig. „Schön“, meinte Tine, „wunderschön – aber woher weißt du das alles? Du fliegst ja gar nicht.“ „Ich frage die anderen“, sagte das Hedu, „und stelle mir das so vor. Ich will auch herauskriegen, worauf es beim Fliegen ankommt.“

Das Wichtige am Fliegen

„Tine, kannst du mir sagen, was das Schönste am Fliegen ist?" Die Elster dachte eine Weile nach und sagte: „Fliegen macht schlau. Von oben siehst du, wie alles aufgebaut ist. Ja – wenn man nur am Boden herumhüpft, kann man das nicht erkennen." Das Hedu bekam große Augen. „Waas?" Tine begann zu schwärmen: „Du siehst gleich, wer viel hat und wer wenig. Bauer Abegglen hat ein kleines Stück Land, das in winzige Felder zerteilt ist. Wenn der Raps gelb blüht, steht Abegglens Bauernhaus wie in einer goldenen Steppdecke." Das Hedu lachte. Eifrig strich sich die Elster über ihre kurzen Stoppelfedern: „Bauer Menzi hat große Felder, mit breiten Wegen, auf denen sein lauter Mähdrescher fährt. Die Menzis haben die meisten Pins! Immer nach der Schule legen sie alles auf den Brunnendeckel und tauschen. Sooo viele!"

Tine verdrehte ihre Augen. „Weißt du", flüsterte sie, „da fällt gar nicht auf, wenn einer fehlt." Dem Hedu stand der Schnabel offen. „Das ist ja toll – aber he, Tine" – das Hedu stotterte und zupfte die Elster am Flügel – „das Wichtigste am Fliegen – ich meine, wenn man es gerade lernt, was ist denn das Wichtigste?"

„Keine Ahnung", meinte Tine zerstreut – „ich mach' mir nie solche Gedanken. Ich muss aufpassen, dass mir nichts runterfällt." „Was runterfällt?" „Naja", hüstelte Tine, „ich nehme manchmal etwas mit, das ich schön finde und… ehm, mit dem Fliegen hat das nichts zu tun."
Die Elster zeigte Richtung Bergkette. „Warum fragst du nicht den Kakadu? Er kann es am besten!" „Den frag ich nicht!", sagte das Hedu. „Der hat gar keinen Schimmer, der…".

Es machte eine große Zeichnung von den drei Schneebergen und schrieb: **Eiger, Mönch und Jungfrau! Fliegen das macht schlau!** Zufrieden schob es sich das Blätterbüchlein unter den Kopf und schlief ein.

Der Geheimtipp

Am nächsten Nachmittag erwachte das Hedu, weil ihm etwas ins Gesicht fiel. Es war ein glänzender Knopf. „Hier, mein Geschenk für die schöne Geschichte gestern", sagte Tines Stimme. Die Elster steckte ihren Kopf mit den kurzen Stoppelfedern ins Nest. Das Hedu betrachtete den Anstecker.

Darauf erkannte es so etwas wie einen plattgedrückten Regenschirm. Tine machte ein schlaues Gesicht: „Auf dem Pin siehst du jemanden, der ein Spezialist ist im Fliegen! Den musst du ausfragen!" „Wer ist denn das? Der sieht ja zum Fürchten aus!", rief das Hedu und drehte den Knopf hin und her. „Wie ein kleiner Drache. Oder ein Vogel?"

„Nein", sagte Tine, „gar nicht, das ist ein Fledertier! Wir nennen ihn Käpt'n Flat oder Flatty – weil er sich immer in Felsspalten quetscht. Käpt'n Flat versteckt sich am Tag, aber wenn es dunkel wird, kommt er aus seiner Höhle. Der kann segeln, da kann der Kakadu heimfliegen! Und ich sag' dir noch was: Ruf ihn nie ‚Fledermaus'. Das kann er nicht ausstehen!" Das Hedu überlegte. „Tine, wie soll ich so einen Drachen finden? Wenn er nun beißt?" Tine zog plötzlich eine listige Miene: „Angst brauchst du keine zu haben, Flatty hat neugierige Flugschüler sogar gern – du musst nur die Augen gut offen halten!" Und weg war sie.

Das Hedu sah ihr verdutzt nach. Dann setzte es sich zurecht, passte gut auf, hatte keine Angst und hielt seine Augen offen.
Bis sie zuklappten.

Zu Gast bei Käpt'n Flat

Als die Eltern am nächsten Morgen zum Futtersuchen ausflogen, war das Hedu schon hellwach. Es winkte ihnen nach und hüpfte auf das Felsband hinüber.

Am Horizont wechselte der Himmel von dunkel- zu hellblau mit einem rosa Streifen. Bald würde dort die Sonne aufgehen. Das Hedu lehnte sich weit über den Rand. Tief unten erspähte es ein winziges Püppchen – Bauer Abegglen in Gummistiefeln. Plötzlich verlor es den Halt. Es gab einen Plumps und mit lautem Angstschrei stürzte das Hedu kopfüber dem bodenlosen Abgrund entgegen.

„Oooijoooijoooiiii!!", schrie es, als es in die grausige Tiefe blickte. Im letzten Moment blieb es mit seinen Zehenkrallen an einer Felsspalte hängen. Blitzschnell quetschte es sich hinein – und erschrak: Ein aufgerissenes Mäulchen voller spitzer Zähne sah ihm entgegen. „Rrrraus hier", zischte das Mäulchen, „das ist mein Haus hierrrr!!" Das dunkle Tier schlug mit einem hauchdünnen Flügel nach dem erschrockenen Hedu und sirrte: „Mach 'ne Fliege, sonst beiß ich!"

„Oh neinein", schrie das Hedu – „ich kakannnich, ich hab' Angst!" Flüsternd schlich es rückwärts: „Warten Sie, bin gleich weg – aber ich kann nicht fliegen!" „Was", zischte die Stimme, „so ein schöner Vogel und kann nicht fliegen?" „Eben nicht", schluchzte das Hedu, „keine Angst zu haben ist doch das Wichtigste."

Es starrte angestrengt ins Dunkle. Gerade wollte es davonschleichen, als es die Umrisse eines kleinen Drachen in der Höhle sah. „Oohh", rief es und seine Augen leuchteten – „oh, ich weiß, wer Sie sind – ich hab Sie gefunden! Sie… Sie sind eine… Sie sind Mister Flat, Hurraah!"

„Waaas??", fauchte das kleine Ungeheuer und kroch langsam ans Dämmerlicht. Das Hedu war außer sich vor Aufregung. „Entschuldigung, aber Tine sagt… sie schwärmt von Ihnen, …ich meine, können wir nicht einmal übers Fliegen sprechen, wo Sie doch ein Spezialist sind" – sprudelte es heraus. „Du bist ein Angsthase, was?", fragte der unheimliche Höhlenbewohner. Es klang nicht mehr so unfreundlich. „Ja, ganz schlimm", schluckte das Hedu. „Und… sie geht nicht weg, die Angst – alle lachen!" Es ließ die Flügel hängen.

„Hm", kam es aus der Höhle. „Über die Angst reden wir mal, das scheint mir nötig – bevor wir uns überhaupt über die Fliegerei unterhalten – oder?" Das Hedu strahlte. „Möchten Sie mich mal besuchen? Ich wohne gleich über Ihnen!"

„Sachte, sachte", flüsterte das Fledertier mit einem seltsamen Flirren in der Stimme, „jetzt ist meine Schlafenszeit. Wenn du heute Abend Zeit hast, schaue ich vorbei. Ich bin erst wach, wenn es dämmert." Das Hedu zog sich mit Dankesgemurmel zurück. Vorsichtig kletterte es über den Felsrand wieder nach oben und hüpfte in seinen Horst zurück.

Wozu die Angst gut ist

Noch ganz verwirrt von seinem Zufalls-Ausflug hockte das Hedu da. Ob das komische Flattertier kommen würde? Wie es aussah mit seinen spitzen Zähnen und den dünnen Ohren!

„Papa?", fragte das Hedu am Abend, „Papa, ist eine Fledermaus ein Flugspezialist?" Der Heduvater, müde von der Futtersuche, hörte nur mit einem Ohr zu: „Keine Ahnung. Ein Spezialist im Fliegen heißt Flugkapitän, oder auch Käpt'n, wie man so sagt. Der Käpt'n ist der Meister. Fliegen hat er lange gelernt, nun beherrscht er die schwierige Flugtechnik und darf auch anderen das Fliegen beibringen. Wenn du ein wenig kräftiger bist, fangen wir auch mit dem Üben an."

Das Hedu wollte gerade etwas dazu sagen, als die Mutter heranflog. Sie strich ihm über die Flaumfedern: „Weißt du, wie alles beim Fliegen funktioniert – das lernst du, damit es dich sicher macht. Und so wird auch die Angst kleiner. Aber das ist noch nicht alles."

Sie flüsterte ihrem Hedu ins Ohr: „Dass man sich seine Träume erfüllt, das ist genau so toll." Das gefiel dem Hedu, und es schrieb in sein Blätter-Büchlein: *Ich mache den Flieger-Traum wahr – und ein Käpt'n bringt mir alles bei.* Am Abend saß es vor dem Nest und flüsterte in die blaue Abenddämmerung.

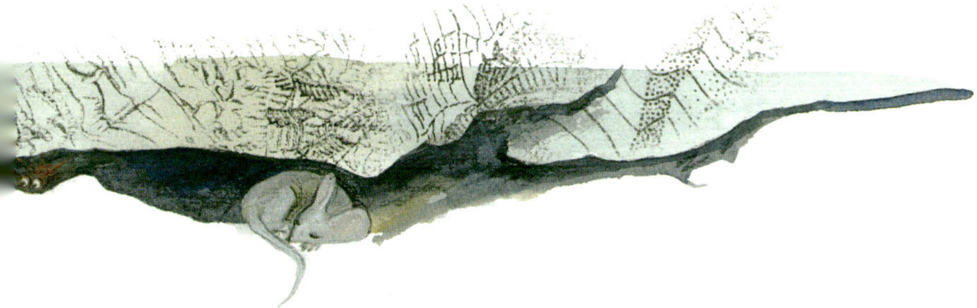

Plötzlich huschte ein gaukelnder Schatten durch die Luft. Ein Hauch streifte das Hedu. Zwei schwarze Segel flatterten heran und hängten sich lautlos an das Felsdach, mit dem Kopf nach unten. „Hallo, kleiner Flugschissi!", sagte eine freundlich sirrende Stimme. „Guten Abend, Käpt'n Flat!", erwiderte das Hedu voller Freude. Mit der Anrede hatte es ins Schwarze getroffen. Käpt'n Flat grinste erfreut, weil das Hedu ihn gleich erkannt hatte. Es durfte sich die dünnen Hautflügel und die Art, wie ein Fledertier an der Decke hängt, ganz aus der Nähe betrachten. Dann kam Käpt'n Flat zur Sache: „Jetzt sag mir mal, wovor du solche Angst hast!" Das Hedu überlegte. „Am meisten vor dem Hinunterfallen – und auch, dass ich was falsch mache."

„Sehr gut, super", meinte der Käpt'n zufrieden – das Hedu verstand überhaupt nichts. „Weißt du", reckte er sich triumphierend, „deswegen bin ich gekommen. Ich wollte dir nämlich sagen, wie gut es ist, dass du Angst hast. Angst hat jeder. Aber am meisten Angst haben alle, die vom Fliegen träumen. Und die, die es schon tun, auch. Nur zeigt sie keiner."

Käpt'n Flat fuhr leise fort: „Angst macht vorsichtig. Wer vorsichtig ist, schaut alles nach, bevor er startet. Wer keine Angst hat – oder das behauptet – lebt gefährlich. Man wird schnell übermütig. Dann geht's schief... Was meinst du, wie sehr ich Angst hatte, als ich das erste Mal in die Luft ging! Ich war froh, dass ich mir alles überlegt hatte: Ist der Wind gut? Wohin fliege ich?" Glücklich hörte das Hedu zu. „Du meinst, ich bin ganz normal, gar kein Schissi, wie der Kakadu gesagt hat?", fragte es leise. „Aber klar", bekräftigte Käpt'n Flat, „Und der Kakadu, weißt du, der ist ein Sonderfall. Den nehmen wir später mal dran." Nach diesem Gespräch verabredeten sie sich gleich wieder in der Morgendämmerung.

Ein Instrumentenflug

Die Morgendämmerung ließ sich Zeit – und schickte erst einmal den Nebel vor, als sich das Hedu schon hellwach aus dem Nest schlich. Es suchte den noch dunklen Himmel ab, bis es die schnell flatternden Flügel erspähte. In blitzartigen Wendungen steuerte sein neuer Bekannter den Felssims an. „Sie können viel besser sehen als ich", rief es, als dieser exakt vor dem Hedu aufsetzte.

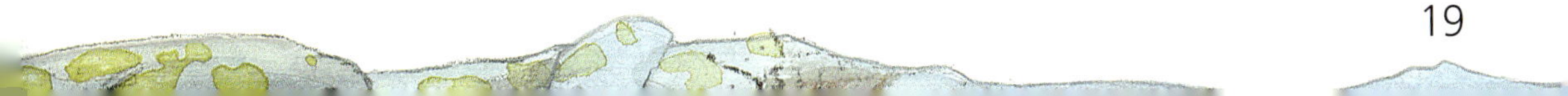

„Ich sehe fast nichts", schmunzelte Flat. Er erklärte dem staunenden Hedu, dass er ganz hohe Töne aussende, um sich zu orientieren. Wenn sie nämlich von Felsen oder Bäumen zurückgeschickt wurden, wusste er genau, wo diese waren. So stieß er nie an. „Wie ein Instrument?", platzte das Hedu dazwischen. „Ja, kann man so sagen. Mein Ultraschall! Alle Fledertiere fliegen damit, es ist unsere Eigenart." Plötzlich kam dem Besucher ein verrückter Einfall: „Hast du nicht Lust auf eine Mutprobe?"

„Was denn?", fragte das Hedu, dem gleich bange wurde. Es spürte etwas Unbekanntes, das mit Riesenschritten herannahte. „Wenn du mir vertraust, kannst du heute das Fliegen probieren!", rief Käpt'n Flat. „Das wird irre, du wirst sehen!" Dem Hedu klopfte das Herz, als es zögernd nickte. „Schau mal!" Flat zeigte ins Tal. „Heute deckt der Nebel das große Loch zu, also musst du dich nicht fürchten – und wir beide fliegen als Tandem! Das gefällt dir bestimmt!"

Er erklärte, wie er mit dem Hedu auf dem Rücken durch den Nebel fliegen und sie etwas Spannendes beobachten würden. „Kann dabei wirklich nichts passieren?", fragte das Hedu. „Gar nichts – du musst dich nur gut festhalten und mit mir in die Kurve legen. Den Rest mache ich! Dir wird keine Feder gekrümmt."

Bevor sich das ängstliche Hedu noch lange bei Wenn und Aber aufhalten konnte, hatte der Käpt'n es huckepack aufgeladen und segelte – wupps – über die Felskante ins weiße Nichts. „Ohjee", konnte das Hedu gerade noch quietschen und klammerte sich an Flats weichem Fell fest. Vor Angst kniff es die Augen zu.

Aber die Angst war umsonst. Ruhig und nahezu still verlief der Nebelflug. Das Hedu machte zaghaft erst einen, dann beide Augenschlitze auf. Alles schwankte und wackelte – war dies das Fliegen? Seine Flaumfedern flatterten im Fahrtwind.

„Whow!", entfuhr es ihm. Riesige Wolkentürme und dichte Nebelschwaden, ganz nahe, zogen vorbei. Was für eine fremde Welt! Das Hedu erschrak über ein Loch im Nebel, durch das sich tief unten ein See zeigte.

„Nicht so klemmen mit den Beinen, schön locker – Achtung Kurve!", flirrte Käpt'n Flat. „Wissen Sie noch, wo wir sind?", wollte das Hedu wissen. Es legte sich sanft in die Kurve. „Achtung Landeanflug!", hörte es von seinem Piloten, dann gab es einen Ruck.

Fremde Federn

Käpt'n Flat hatte bei einer Felsnase präzise die Nebeldecke durchstoßen und hängte sich behutsam an das steinerne Dach. „Suuper, Flaatty!", rief das Hedu, sobald es den Boden wieder spürte. „Psst!" zischte Flat. Vorsichtig lugte das Hedu hinter Flats Schulter hervor. Bevor es jedoch über die luftige Höhe erschrecken konnte, sah es staunend von oben in ein großes Nest.

„Gut gemacht, Copilot, nicht schlecht für den Anfang!", raunte der Käpt'n. „Jetzt kommt der zweite Teil der Flugstunde", flüsterte er, „sozusagen ein Geheimrezept gegen die Angst." Das Hedu wagte kaum zu atmen, als es unter sich den Nestbewohner erkannte. Doch dieser nahm die beiden Zaungäste nicht wahr, so beschäftigt war er. Ungläubig beobachtete das Hedu, wie der Kakadu in seinem großen Horst herumstolzierte.

Um ihn herum türmten sich Riemchen, Schnallen und bunte Kunstfedern. „Er geht seiner Lieblingsbeschäftigung nach", flüsterte Käpt'n Flat. „Er sortiert sie." Das Hedu sah nun, warum der Kakadu diese Regenbogenfarben zwischen seinen Adlerfedern hatte. An einem ausgeklügelten Apparat von winzigen Ösen und Schnallen befestigte er sich künstliche Federn zwischen den eigenen. In der Ecke lag sogar ein Fallschirm!

„Wozu braucht er das?", fragte das Hedu bestürzt und konnte nicht aufhören, das seltsame Geschehen zu verfolgen. „Das hat er erfunden, damit seine Spiralflüge noch steiler und verrückter gelingen. Aber vielleicht hat er auch Angst, dass für seine riskanten Manöver die eigenen Federn nicht ausreichen?", überlegte Käpt'n Flat laut.

„Vielleicht auch – weil er schön aussehen will?", rätselte das Hedu für sich. Es bekam ein ganz seltsames Gefühl, als es den von allen bewunderten Adler bei seinem Federstapelwerk beobachtete.

Liebevoll nahm der Kakadu seine Federn auf, drehte und wendete sie lange, strich sanft über die farbigen Kiele und begann sorgsam, kleine Häufchen aufzubauen: blaue, gelbe, rote.

Dann dachte er angestrengt nach, warf alles um, zog weitere heraus und ordnete neue Häufchen an: große, mittlere, kleine. Er prüfte verschiedene Scharniere und steckte sie zusammen. Dann probierte er alles an. Das Hedu schämte sich, den Emsigen so zu beobachten. Es sah, wie er mit Freude die Federn hochwirbelte und zuschaute, wie sie zu Boden fielen. „Ein wenig Eitelkeit steht ihm ganz gut", stellte das Hedu für sich fest.

Es fühlte, wie es den Kakadu plötzlich mit neuen Augen sah. Auf einmal war er viel weniger groß. Glich er nicht ein wenig einem Clown? „Wenn das die anderen wüssten, das gäbe eine Spaßnummer!", raunte Käpt'n Flat.

Auf dem Rückflug hing das Hedu seinen Gedanken nach – es hatte die Angst völlig vergessen und merkte gar nicht, dass sich der Nebel verzogen hatte. Im Blätterbüchlein stand am Mittag unter einem Bild vom Adler mit bunten Flügeln: *Es war verrückt schön, zum ersten Mal bin ich geflogen! Mit Flatty! Und es war gar nicht schlimm. Aber warum schummelt der Kakadu? Er schnallt sich fremde Federn an!*

Wie man den Wind ruft

„Also", sagte Käpt'n Flat, als er das nächste Mal pünktlich in der blauen Abenddämmerung, zum Hedu-Nest gesegelt kam, „heute kommt das Allerwichtigste!" Er hängte sich ruckartig kopfunter an den Felssims und machte ein bedeutsames Gesicht.

Das Hedu gab sich Mühe, nicht zu lachen, denn umgekehrt sah sein Gesicht ulkig aus. Es holte eifrig sein Büchlein. Flat winkte gleich ab: „Das brauchst du heute nicht. Heute wird nichts aufgeschrieben. Wenn du machst, was ich dir heute sage, dann bist du eigentlich schon mitten im Start zu deinem ersten Flug!" „Mittendrin?" Das Hedu war jetzt vor Neugier ganz zitterig. „Wie denn das?"

Käpt'n Flat zeichnete einen Flügel. Dann fuhr er langsam daran entlang: „Hier, wo die Luft über und unter dem Flügel hinwegstreicht, gibt es Auftrieb. Das ist die Kraft, die dich trägt! Für den Auftrieb brauchst du also einen Luftstrom um deine Flügel – und dafür musst du beim Starten schnell vorwärts laufen. Ein wichtiger Freund ist dabei der Wind – doch der ist launisch!"

Der Käpt'n redete sich in Eifer: „Mit seinem riesigen Luftmaul kann der Wind leise eine Flöte spielen, aber auch blasen wie ein Sturm. Lass ihn nie außer Acht! Er muss dir ins Gesicht wehen! Denn wenn du den Wind im Rücken hast, zaust er dich gewaltig – bis der Auftrieb verloren geht."

Das Hedu sperrte Ohren und Augen auf – fest entschlossen, nichts zu verpassen.

Käpt'n Flat war aber noch nicht fertig: „Außerdem ist der Wind eingebildet. Er will gerufen werden. Das geht so: Du schaust ins Tal und rufst so laut du kannst: Juuhuiii! Sobald der Wind heranbraust, ist es soweit! Jetzt kann's losgehen!"

Das Hedu klappte die Kulleraugen zu, stellte sich alles vor und ließ einen kleinen Jauchzer los: „Juuhuiii!!"

„Hat da jemand gerufen?", fragte eine zarte Stimme. Es war das laue Nachtlüftlein, das über den Sims strich. Käpt'n Flat wedelte es ärgerlich fort. „Pscht!" Er hielt dem Hedu den Schnabel zu. „Hör mal", schimpfte er, „der Wind mag es nicht, wenn man ihn verulkt. Nur zum Fliegen rufst du ihn, klar?"

Die innere Stimme

Schon seit Tagen beobachtete der Kakadu, wie Käpt'n Flat beim Hedu ein und aus flog. Immer wenn er über dem Nest eine Kurve zog, fiel ihm auf, dass da unten offenbar eine richtige Flugschule im Gange war. Die Zeichnungen, die er aus der Luft erspähte, erinnerten ihn an seine eigene Flugschüler-Zeit. Eins aber regte ihn mächtig auf: Wieso wurde er nie über seine Spiralflüge oder sonstwas ausgefragt?

Deutlich sah er, wie dieser Bücherwurm schon ganz gute Flatter-Übungen hinkriegte. Auch entging ihm nicht, dass die Bergdohlen Max und Siri ihrer Freundin, dem Hedu, gleich vorführten, was Käpt'n Flat erklärt hatte. Max und Siri – das sah jeder – hatten Spaß in der Luft. Sie wurden nicht müde, Rechts- und Linkskurven mit den richtigen Flügelstellungen hinzulegen. Der Kakadu sah das Hedu begeistert zuschauen, wie die Dohlen ihre Flügel anknickten, ruckartig abtauchten und sich wieder auffingen.

Aus dem rundlichen Hedu war in der letzten Zeit ein herziges Vogelmädchen geworden. Seine Schwingen hatten eine dunkle Farbe und eine schöne Zeichnung bekommen. War es nicht den schlanken Milanen schon ganz ähnlich? Seine Gedanken ließen dem Kakadu keine Ruhe. Sobald Flat zum Heimsegeln abhob, schoss er im Sturzflug nieder, dem Hedu vor die Nase. „Na, du Hedu, lernst du jetzt Fliegen aus deinem schlauen Büchlein – oder von deinem neuen Verehrer?", schnarrte er zur Begrüßung. Ganz außer Atem war er.

Das Hedu, gut gelaunt, freute sich über den Besuch. „Nein", entgegnete es fröhlich, „ich lerne ein bisschen Theorie, weil – das doch die Angst kleiner macht! Fliegen kann ich noch nicht. Aber es wird schon. Wenn es so weit ist!", fügte es ein wenig altklug hinzu.

„Schau an", hüstelte der Kakadu verblüfft, „Fräulein Schlau – wann ist es denn so weit?" Ganz überrumpelt, wusste das Hedu keine Antwort. Der Kakadu wollte sich gerade aufplustern. Plötzlich klang seine Stimme freundlich: „Willst du von mir nicht auch mal was wissen?" Jetzt blinzelte das Hedu. „Wo man die bunten Federn bekommt?", wäre ihm beinahe herausgerutscht. Doch höflich fragte es: „Was meinst du denn?"

Der Kakadu schaute sich um, ob jemand mithörte, und betonte dann jedes Wort: „Dass es so weit ist, merkst du an deiner inneren Stimme! Wenn du am Start stehst und alles stimmt – der Wind, dein Mut und du willst wirklich – das ist der Moment. Dann sagt deine innere Stimme 'Jetzt!' – Das darfst du nie verpassen!" Er raunte: „Was das Fliegen nämlich nicht verträgt, ist ewiges Hin und Her." Das Hedu verstand sofort. „Wunderbar hast du das gesagt", strahlte es.
Doch diese geheimnisvolle Stimme hatte es noch nie gehört.
Gab es sie überhaupt?

Ein Lindenblütenbaum

Es holte sein Büchlein, um den guten Rat des Kakadu festzuhalten. Dabei hielt es dem Adler ein Blatt vor den Schnabel: "Kennst du es? Von meinem Lieblingsbaum, ich hab's von der Krähe. Aus den Früchten dieses Baumes kann man Ohrringe machen." Das Hedu wurde ein bisschen rosa. „Keine Ahnung", murmelte der Kakadu verlegen. Für Ohrringe hatte er nichts übrig. Aber er wollte etwas Liebes sagen. Er starrte auf das Blatt und riet: „Von einem Lindenblütenbaum?"

Das Hedu fiel vor Lachen fast aus dem Nest. „Siehst du", kicherte es, „du fliegst über so Vieles hinweg, aber die Bäume kennst du nicht." „Hab auch nicht studiert", knurrte der Kakadu. Das Hedu hielt das hübsche Blatt mit den Zacken gegen die Sonne. „Es ist von einer Platane", erklärte es. „Wir können ja den schönen Baum einmal besuchen – wenn du willst."

„Wenn du fliegen kannst", krächzte der Adler zum Abschied. Wieder allein, schrieb das Hedu mit Schönschrift in sein Büchlein:
Soll ich mit dem Kakadu gehen? Wir sitzen auf einem Lindenblütenbaum.
Dort stand das lustige Wort für immer.

Mehr Landeklappen...

Am Abend erklärte Käpt'n Flat noch einmal Steuern und Bremsen beim Landeanflug und das Hedu machte beim Flügelschlagen schon viel Wind. Zufrieden beendete der Lehrer die Flugstunde. „So, geschafft, ich glaube, nun weißt du Bescheid", stellte er fest. „Fliegen heißt landen können. Das sitzt jetzt. Alles andere kommt von selbst!" Käpt'n Flat freute sich über die Fortschritte seiner Schülerin.

Das Hedu war in letzter Zeit lustiger, auch sicherer und manchmal fast verwegen geworden. Die Vögel mochten es, mit jedem kam es gut aus. Kaum ein Tag verging, da nicht jemand vorbeischaute, um das Hedu zum Ausfliegen zu überreden.

Übereifrig machte es im Sonnenuntergang noch zwei, drei grosse Flughopser. Max, der um den Felsen herumschwirrte, sparte nicht mit Lob: „He, ist schon große Klasse!" In der Ferne düste leise ein Flugzeug vorbei. Plötzlich ertönte ein lautes ‚Klatsch!'. Das Hedu war heftig auf seinem Hinterteil gelandet. „Aua!", jammerte es. Eine Beule wuchs augenblicklich. Max schoß zum Sims herüber. „Hast du dir wehgetan?"

„Ich will auch einen Motor!", maulte das Hedu. „Das bringt ja gar nix!", fuhr es Max heraus. „Echt – vergiß das!", rief auch Käpt'n Flat. „Du kannst ja alles. Bisschen mehr Landeklappen, lass dich nicht so runterplumpsen!" Er machte es vor. Flat zeigte zum Himmel, wo gerade der Flieger verschwand. „Der hat's nicht besser. Der muss genau so fliegen lernen wie du. Den Motor gibt's dann bloß dazu." Jetzt musste das Hedu lachen und rappelte sich auf. Alle drei witzelten noch ein wenig dem Metallflügler hinterher.

Für Flat war es nun Zeit, in die Dunkelheit aufzubrechen. Er begann feine Ultraschall-Töne in die Luft zu senden. Das Hedu lauschte. Diesmal konnte es sie gut hören. Es holte sein Platanenblatt hervor, um die schöne Melodie festzuhalten. Als es schlafen ging, war daraus bereits ein kleines Liedchen geworden – während Käpt'n Flat schon längst auf seinem Nachtausflug unterwegs war.

Starten!

Am nächsten Morgen begann ein strahlend schöner Sommertag. Das milde Nachtlüftlein sank todmüde um – und die rosarote Morgendämmerung erschien gähnend am Horizont. Scharf zeigten sich die Zacken der Berggrate, über denen sich ein wolkenloser Himmel spannte. Die Luft stieg und flimmerte über den Feldern.

Mit einem wilden, frechen Looping kam die quirlige Siri beim Hedu vorbei. Sie brachte Tine und Max mit.

„Heute ist Flugwetter – der Wind hat gute Laune. Da wollen wir alle in die Luft!", schrie sie von weitem. „He, he, kommst du mit?" Sie schaute das Hedu von oben bis unten an. „Ja klar, du bist nun groß, hast auch trainiert – heute wär's Spitze, oder?" Das Hedu fühlte sich ertappt. Die frische Morgenbrise hatte eine große Sehnsucht in ihm geweckt. Als es nach dem Aufstehen zum Horizont geblickt hatte, schien das tiefe Tal gar nicht mehr so furchterregend weit unten. Doch es war sehr tief! Abgrundtief… Kam da schon wieder die Angst?

„Warte mal", rief Siri, „bin gleich zurück!" Sie flog blitzartig fort und brachte gleich darauf eine Reiherfeder als Windfähnchen. Zusammen mit Max wedelte sie Steine und Ästchen vom Sims. Das Hedu kraxelte auf dem schrägen Felsen ganz nach oben. Der Platz kurz vor dem Rand war herrlich. Diese Rundsicht! Es blickte sich um. „Fertig! Naaa?", schrie Siri. Das Hedu schluckte die Furcht hinunter. „Nicht stoppen", drängelte Siri von hinten. „Schnell musst du sein, dann fliegt es!"

Das Hedu prüfte die kurze Laufstrecke bis zur Kante und blickte zum Himmel: Dort kreiste schon längst der Kakadu. „Noch besser wird's nicht!", schrie er. „Ja du", flüsterte das Hedu, „ich mogle nicht!" Es schloss die Augen. Auf einmal sagte eine Stimme ganz leise: „Jetzt!"

Das Hedu riss die Augen auf. So laut es ging, tönte sein „Juuhuiii!" Ein Luftstoß pustete ihm entgegen. Die Reiherfeder streckte sich im Aufwind. „Los", schrie Siri. „Hoooh", blies der Wind seine Backen auf. Das Hedu schwang sich ihm mit weitgespannten Flügeln entgegen – über den Felsen hinaus. Ein Flügelschlag, noch einer, und eine unsichtbare Kraft schob sich wie ein Kissen unter seine Federn. „Schneller!", hörte das Hedu noch die Stimme von Max, als es eine kräftige Bö über die Felskante trug. Weg war der Boden! Es gab kein Zurück! Immer leiser wurden die Stimmen am Startplatz: „Hurraaah!"

„Aaahhhh", staunte das Hedu mit weit offenen Augen. Es segelte, schaute und schaute. Ringsum breitete sich ein unendlich großer, ruhiger Raum aus. Tief unten lag die Welt wie in einer Spielzeugkiste. Die Luft trug, schwang mit ihm hinauf. Weit fort gleiten konnte man mit dem Wind, auf seinen riesigen Armen. Zwischen den Feldern liefen Kinder ins Schwimmbad. „Seht mal, ein Milan und ein Adler", schrie eines von ihnen.

Die Welt von oben

Das Hedu steuerte in einer sanften Kurve gegen den Wind. Es sah den Kakadu entgegenkommen und jauchzte: „Ich kann fliiieeeehiieegenn! He, du – ich fliehiege!"
Es freute sich so sehr, dass es einen riesigen Kreis zog, als wollte es die ganze Welt umarmen.

Der Kakadu war so verdattert, dass er vergaß, neidisch zu sein. Ohne Flügelschlag machte er einen weiten Bogen und legte sich elegant in die Kurve. Dann segelte er an der Seite seiner kleinen Freundin und hielt verlegen seinen Schnabel. „Schau mal", rief das Hedu neben ihm, „ich bin ein richtiger Milan!" Der Kakadu senkte den Kopf und blieb still. Er wusste das längst. Das hieß nämlich Abschied in wenigen Wochen. Die Familie der Milane, die im Frühjahr hier ins Tal gekommen war, würde im Herbst wieder nach dem Süden ziehen.

„Gut machst du das!", schrie er plötzlich nach der Seite. „Bist ja gar kein Schissi!" Das Hedu strahlte. So viel Lob vom allerbesten Flugkünstler machte es ein wenig tollkühn. „Juuhuiii", wiederholte es, bis es heiser war. Zusammen übten sie Spiraldrehungen, bis ihnen schwindlig wurde. Unten auf dem Talboden sahen sie Bauer Abegglen, der mit Menzis großem Mähdrescher sein kleines Rapsfeld aberntete. „Siehst du", meinte das Hedu zum Kakadu, „Fliegen macht schlau! Weil sie Freunde sind, helfen sie sich."

Von unten stiegen Nebelschwaden empor. Als weiße Gestalten krochen sie an den Felswänden herauf. Die zwei Flugvernarrten machten sich einen Spaß daraus, wie Pfeile hindurchzuflitzen. Es schien, als ob über die gewaltigen Steingesichter der drei Eisriesen ein Lächeln huschte.

Plötzlich zeigte das Hedu mit einer Flügelspitze auf ein leeres Feld. Jemand hatte ein riesiges Herz mit Pfeil hindurch in die frische Erde gekratzt. Daneben stand mit großen Krakelbuchstaben: „Der Kackadu liept das Hedu."

„Pah", machte der Adler, „wenn ich die Krähe erwische!" „Stimmt's denn nicht?", fragte das Hedu enttäuscht. „Nöö", krakeelte der Kakadu missmutig, „nie schreibt sie was richtig! Komm jetzt, ich bringe dich heim."

Großes Hallo

Als die beiden zum Landeanflug ansetzten, saßen die anderen Vögel aufgereiht wie auf einer Perlenschnur auf dem Felsensims vor dem Hedu-Nest. Schon von weit her war zu hören, wie sie vor Vergnügen kreischten. Den heimgekehrten Hedu-Eltern hatten alle bereits erzählt, was passiert war. „Wunderbar", wisperte die Mutter – und schubste den Vater fort, der an dem eigensinnigen Hedu herummeckern wollte. „Kratuliere, Kratuliere", krächzte die Krähe. „Mach das gleich wieder weg, im Feld", zischte ihr der Kakadu zu, so dass sie erschrocken zur Seite hopste. „Nie kannst du was zugeben", schmollte die Krähe.

Das Hedu bekam Glückwünsche und Stupser von rechts und links. Alle klatschten, nickten und krähten durcheinander.

Als es am Nest der Milane langsam wieder ruhig wurde, schaute das Hedu noch einmal hinaus. Es beugte sich in der Dämmerung zu Flats Höhle hinunter. Dann riss es das Blatt mit dem Lied aus seinem Büchlein und ließ es vorsichtig hinab in die Felsspalte rutschen. Über den Noten stand mit Heidelbeertinte: *Für Käpt'n Flat*. „Gute Nacht!", flüsterte das Hedu nach unten, „und Dankeschön für diesen tollen Tag!"

Käpt'n Flat segelte aus seiner Höhle. Ganz nah kam er vorüber: "Willkommen bei den Pilotinnen! Seinen ersten Flug vergisst man nie…" – Winkend verschwand er im Dunkeln.

Auf nach Afrika...

Wenige Wochen später stand die Milan-Familie startbereit für ihre Afrikareise vor dem Nest. Das Hedu trug sein Blätterbüchlein in einem winzigen Rucksack, der mit den kleinsten Federschnallen vom Kakadu festgemacht war.

Bevor es losging, erbat sich das Hedu noch eine letzte weite Talrunde. Von hoch oben suchte es das Adlernest und landete vor dem verdutzten Freund. „So, jetzt ist's so weit, nun gehe ich…", sagte es.

„Nein", schnarrte der Kakadu, du fliegst, wenn schon." Weil er ganz verlegen war, begann er in seinen Federn zu kramen. Eine zarte, rubinrote Feder zog er heraus und hielt sie dem Hedu vor die Nase. „Hier, für dich. Zum Fliegen brauchst du sie ja nicht – aber sicher machst du was Schönes draus."

„Eine Schreibfeder!" Das Hedu steckte sie fröhlich ins Gepäck. Dann fragte es augenzwinkernd: „Und du – was machst du mit den bunten Federn?" Der Adler kratzte mit der Kralle im Sand. „Weiß nicht – eine Steppdecke? Die Elster hat letzten Winter so gefroren..."

Das Hedu lachte. „Ich hab dir auch was mitgebracht", sagte es schelmisch. Es wedelte mit einem Lindenblatt vor dem Adlerschnabel herum. Der Kakadu betrachtete das darauf geklebte Bild – einen Phantasiebaum aus vielen bunten Papierschnipseln. Auf den äußersten Ästen des farbigen Baumes saßen zwei Vögel nah beieinander. Ein großer und ein nicht ganz so großer. Darunter stand: **Der Lindenblütenbaum**. Der Kakadu sah auf einen Blick, wer gemeint war und wurde rot.

Das Hedu freute sich, als der Adler das Geschenk schnell unter seinen Flügel steckte. Er schaute ein bisschen in die Runde. „Kommst du wieder?", fragte er schließlich. „Ja, sicher", lachte das Hedu, „wenn die Lindenblütenbäume blühen." Es breitete seine schön gezeichneten Flügel aus: „Bis bald... mach's gut, Kakadu, du Lieber, mein Einziger..."

P.S.:
Das Liedchen, welches Käpt'n Flat vom Hedu bekam, wurde im ganzen Tal bekannt.
Mit den Zugvögeln zieht es zu allen, die heimlich vom Fliegen träumen.
Noten und Text zum Mitsingen findet ihr ganz hinten, innen im Einband.

Auf der nächsten Seite könnt ihr mit dem eingelegten Papier-Faltblatt den „Turbo-Milan" falten und gleich starten lassen!

So faltest du den „Turbo-Milan"

❶

1. Klappe das eingelegte Faltblatt auf, drehe es ins Hochformat und falte es senkrecht in der Mitte.

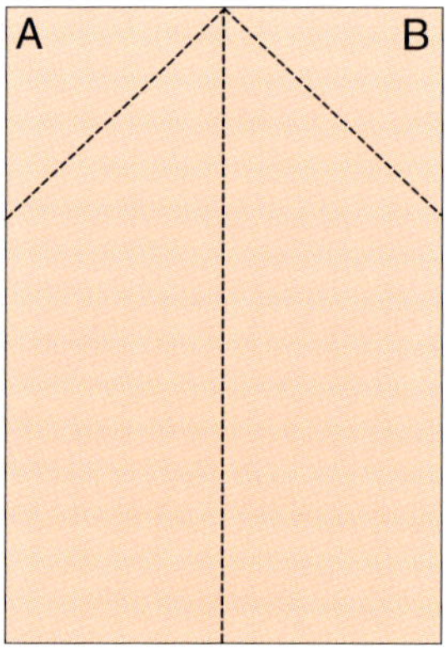

❷

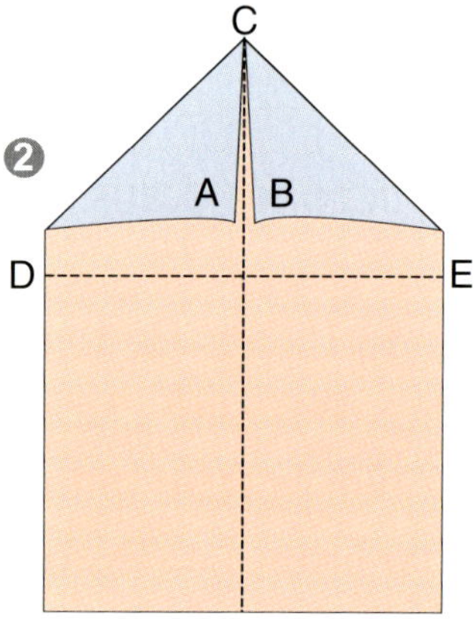

2. Falte dann die beiden oberen Ecken A und B zur Mittellinie – es entsteht ein „Dach" mit der Spitze C.

3. Nun faltest du die Spitze C senkrecht auf der Mittellinie nach unten, bis ca. 4.5 cm von der unteren Blattkante entfernt. Oben entsteht die waagerechte Bruchkante mit den Ecken D, E.

❸

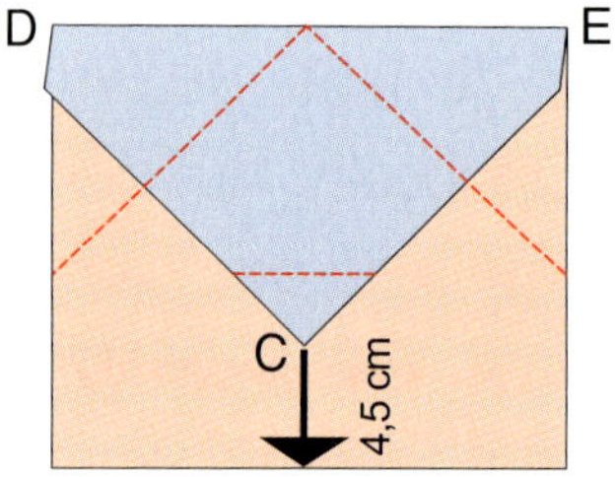

❹

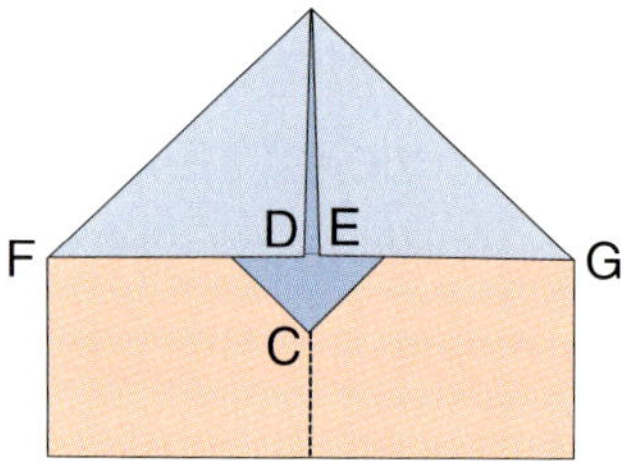

4. Falte jetzt die oberen Ecken D und E zur Mittellinie, bis erneut ein „Dach" entsteht. Darunter schaut ein kleines Dreieck mit der Spitze C hervor.

❺

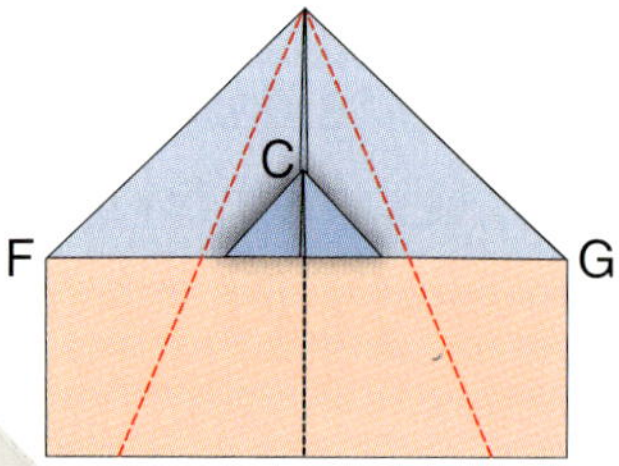

5. Falte das kleine Dreieck nach oben. Die beiden Aussenkanten mit den Ecken F und G werden nun entlang der schrägen roten Bruchlinien zur Mitte gefaltet.

❻

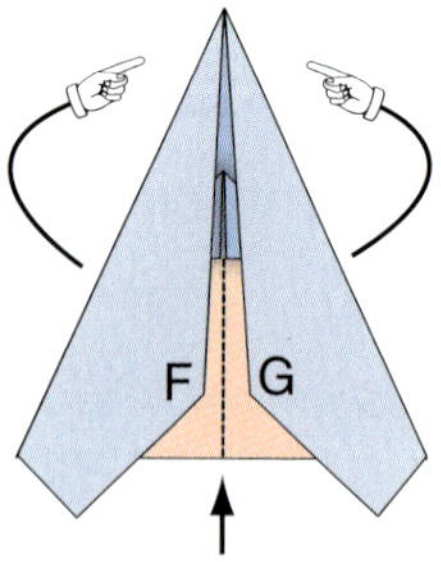

6. Fasse den Flieger an beiden Aussenkanten und knicke sie entlang der senkrechten Mittellinie (Pfeil) nach hinten um. Der „Bauch" des Papierfliegers zeigt nun zu dir.

❼

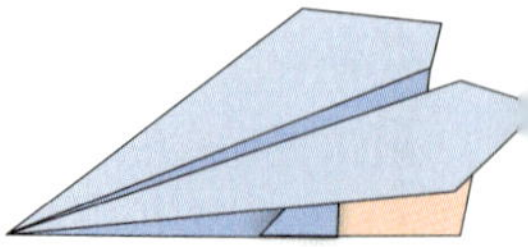

7. Drehe deinen Flieger um und stelle seine Flügel auf.

Der „Turbo-Milan" fliegt am besten und schnellsten, wenn er schwungvoll nach vorn und mit der Nase leicht nach oben abgeworfen wird. Probiere es aus!

Japanischer Papierflieger: In Anlehnung an das Origami-Modell JET aus: „Das Origamibuch" von Irmgard Kneißler, Otto Maier Verlag Ravensburg, 1987. Das Design des Falteblattes wurde mit Federn vom Schwarzmilan gestaltet.

Ein herzlicher Dank geht an:

Barbara Trösch, Schweizerische Vogelwarte Sempach, für viel Wissenswertes über die Alpenvögel und die herbeigezauberten Milan-Federn auf dem Faltblatt.

Kurt Schwob, der als einfühlsamer Lektor dem Hedu die Flügel stärkte und an Petra Balmer für das Design des Buches.

Pius, Zeno sowie an unsere Kinder, die manchmal allein spielten, weil die Eltern Kinderbücher machen wollten.

Ein lieber Gruss ist unterwegs –
in eine weite fliegerische Ferne
an Beat Flach, Edi Weilenmann und Käthy Tobler,
die Käpt'n Flat, dem Adler Kakadu und der Bergdohle Siri
einige Charakterzüge geliehen haben.

Wie ein Vogel zu fliegen
1. Wie ein Vo - gel zu__ flie - gen in die Wol - ken hin - ein,_ ja, das
wär ein_ Ver - gnü - gen, möcht ein Vo - gel wohl sein, ja, das Vo - gel_ wohl sein.
2.